AF897642

Implicaturas conversacionales generalizadas en sujetos con trastornos de tipo pragmático: Teoría y Práctica

Implicaturas conversacionales generalizadas en sujetos con trastornos de tipo pragmático: Teoría y Práctica

Juan Carlos Tordera Yllescas
Ilustrador: María Puerta Cervera

Mc Graw Hill | AULAMAGNA
PROYECTO CLAVE

Implicaturas conversacionales generalizadas en sujetos con trastornos de tipo pragmático: Teoría y Práctica

Primera edición: 2024

ISBN: 9788419786388
ISBN eBook: 9788410066700
Depósito legal: SE 720-2024

© de los textos:
Juan Carlos Tordera Yllescas

© de las ilustraciones:
María Puerta Cervera

© de esta edición:
Editorial Aula Magna, 2024. McGraw-Hill Interamericana de España S.L.
editorialaulamagna.com
info@editorialaulamagna.com

Impreso en España – Printed in Spain

Quedan prohibidos, dentro de los límites establecidos en la ley y bajo los apercibimientos legalmente previstos, la reproducción total o parcial de esta obra por cualquier medio o procedimiento, ya sea electrónico o mecánico, el tratamiento informático, el alquiler o cualquier otra forma de cesión de la obra sin la autorización previa y por escrito de los titulares del copyright. Diríjase a info@editorialaulamagna.com si necesita fotocopiar o escanear algún fragmento de esta obra.

Índice

1. Introducción

1.1. El trastorno de espectro autista y el lenguaje no literal

El trastorno del espectro autista (TEA) se caracteriza por deficiencias en la interacción social y la comunicación en múltiples contextos y la presencia de comportamientos repetitivos y estereotipados (American Psychological Association [APA], 2013). La gravedad de estos dos criterios determina la gravedad del trastorno, con tres niveles posibles, desde el nivel 1, que sería el menos grave (la persona necesita apoyo), hasta el nivel 3, que sería el más grave (la persona necesita un apoyo considerable). Como es sabido, los sujetos con trastorno de espectro autista (en adelante, TEA) presentan también problemas con el lenguaje no literal (Artigas, 1999; Frith, 1999; Martos y Ayuda, 2002; Vulchanova, Saldaña, Chahboun y Vulchanov, 2015, Kalandadze, Norbury, Nærland y Næss, 2018).

Ahora bien, hay que indicar que el lenguaje implícito es un concepto heterogéneo que subsume diferentes conceptos tales como el entrañamiento, las presuposiciones o las implicaturas (Escandell Vidal, 2006; Gazdar, 1979; Levinson, 1983; Reyes, 1995; Carston, 1995; Sperber y Wilson, 1995; Pons Bordería, 2004). Dentro de las implicaturas, el estudio clásico de Grice (1975) diferenció entre las implicaturas convencionales y las conversacionales y, dentro de las conversacionales, se han distinguido dos tipos de implicaturas, a saber, las implicaturas conversacionales generalizadas (ICG) y las implicaturas conversacionales particularizadas (ICP). La información implícita se puede caracterizar tal como se representa en la Tabla 1.

De acuerdo con la teoría clásica de Grice (1975), la información implícita se puede delimitar atendiendo a tres criterios, a saber, el carácter calculable, el carácter cancelable y el carácter separable. Se dice que la información implícita es calculable cuando se necesita no solo la información literalmente expresada, sino también contar con la aceptación de las máximas conversacionales y con la información contextual para alcanzar el sentido del enunciado; a partir de toda esta información, se procesa la información relevante. En caso contrario, no es calculable. Las ICG y las ICP son calculables. Si alguien enuncia *María es guapísima*, podemos estar ante una ironía (es decir, un caso de ICP) y, por tanto, el sentido que se obtendría es que *María no es guapa*. Pero para llegar a esta conclusión, el receptor necesita percatarse de que, en ese contexto de enunciación, aparentemente se está violando las máximas conversacionales (en concreto, la máxima de calidad, pues lo que se dice literalmente no sería verdadero). Como las máximas conversacionales tienden a ser respetadas, entonces el receptor ha de calcular qué ha querido decir su emisor en ese contexto. Lo mismo ocurre con las ICG. Si alguien profiere el enunciado *Vinieron a la fiesta algunos invitados de María*, se activa la ICG *No vinieron a la fiesta todos los invitados de María*. En este caso, si el receptor respeta la máxima de cantidad, el receptor ha de inferir que, si el hablante ha utilizado el cuantificador más débil desde el punto de vista informativo (*algunos* en lugar de *todos*) se debe a que el hablante cree que el enunciado no sería cierto con un cuantificador más fuerte. Por el contrario, las presuposiciones y los entrañamientos no son calculables. A partir del enunciado *Juan dejó de fumar*, se llega a la presuposición *Juan fumaba antes* y no se necesita información contextual ni recurrir a las máximas conversacionales para procesar esta información implícita. Lo mismo ocurre con los entrañamientos. Si se afirma que *Juan es capaz de saltar 8 metros*, también será verdadero que *Juan es capaz de saltar 7 metros*.

Tabla 1. Tipos de información no literal

	Calculabilidad	**Cancelabilidad**	**Separabilidad**	**Sobrevive a la negación**	**Ligado a un contexto particular**	**Ejemplos**
Entrañamiento	No calculable	No cancelable	No separable	No sobrevive		Todos los alumnos vinieron >> *Algunos alumnos vinieron.*
Presuposición				Sí sobrevive		El rey de Francia es calvo >> *Existe un rey de Francia.*
Implicatura convencional			Separable			Es argentino, pero poco hablador >> *Los argentinos suelen ser habladores.*
Implicatura conversacional generalizada	Calculable	Cancelable	No separable		No ligado a un contexto particular	Juan vivía en Manises >> *Juan ya no vive actualmente en Manises.*
Implicatura conversacional particularizada					Ligado a un contexto particular	(Contexto: ante la pregunta: *¿Quieres ir al cine TUR?,* cines donde hacen películas de terror, María contesta): «No me gustan las películas de terror» >> *María no quiere ir a ese cine.*

Por su parte, la cancelabilidad se refiere a la propiedad de poder negar la información implícita sin que se produzca una contradicción con el significado literal del enunciado. Las ICG y las ICP son cancelables y, por ello, son fuente de malentendidos. Si alguien profiere el enunciado *María vio una película y leyó un libro*, de acuerdo con la máxima conversacional de manera, se infiere la ICG *María vio en primer lugar una película y después leyó un libro*; sin embargo, basta añadir a este enunciado la información *pero no recuerdo qué hizo primero*, para que dicha implicatura se desactive. Lo mismo ocurre con las ICP. Por ejemplo, un hablante puede decir *Juan es un lince* y añadir poco después *pero un animal de verdad* y, en este caso, se cancela la información *Juan es inteligente* y pervive el significado literal (*Juan es un mamífero félido de pelaje rojizo con manchas oscuras*).

En tercer lugar, el carácter separable alude a si la información implícita se activa ligada a una determinada forma lingüística o, por el contrario, se activa con otras expresiones. Grice (1975) introdujo este rasgo para discriminar las implicaturas convencionales de las conversacionales. Las primeras son separables y las otras, no separables. El ejemplo tradicional de implicatura convencional se produce con conectores contrastivos como *pero, sin embargo, no obstante*... Tanto el conector *pero* como el conector *y* introducen idénticas condiciones de verdad. Tanto si se afirma el enunciado *Juan es valenciano y poco fallero* como el enunciado *Juan es valenciano pero poco fallero*, los enunciados serán verdaderos siempre que Juan sea poco fallero y también valenciano. Ahora bien, dentro del enunciado apuntado, el conector *pero* activa la implicatura convencional *si se es valenciano, lo habitual es ser fallero*. En cambio, con el conector *y* esta información implícita no se activa. Por tanto, esta convención solo se activa con la forma lingüística, *pero*, pese a que la forma *y* mantiene las mismas condiciones de verdad. El resto de informaciones implícitas son no separables: distintas formas lingüísticas pueden activar idénticas informaciones implícitas. Por ejemplo, *Juan ya no fuma* y *Juan ha dejado de fumar* activan la presuposición de que *Juan fumaba antes*. O, ante la pregunta *¿Te parece guapa mi pareja?* se pueden conseguir los mismos efectos irónicos con enunciados tales como *Sí, es guapísima* como *Sí, es lo nunca visto*, es decir, las ICP obtenidas son semejantes ante formas lingüísticas distintas.

Para diferenciar las ICP y las ICG, cabe tener en consideración la tendencia de la implicatura a activarse en cualquier contexto no marcado. Las ICG serían aquellas que se dan por defecto en cualquier contexto no marcado, mientras que las ICP son aquellas cuyo procesamiento está ligado a un contexto particular. Por ejemplo, generalmente, al procesar un enunciado como *Algunos invitados vinieron*, generalmente se obtiene la ICG *No todos los invitados vinieron* sin mayor enriquecimiento contextual. En cambio, en el caso de las ICP, para procesar la ironía subyacente que, por ejemplo, puede estar presente en *Sí, es guapísima*, cabe tener en cuenta claves contextuales (gestos, tipo de entonación . . .), considerar las ideas, creencias, preferencias del receptor, etc. Lo mismo ocurre con los actos indirectos (v.gr.: «*—Cariño, ¿me acompañas esta tarde al centro. —Pues hacen fútbol*»).

Finalmente, para diferenciar entre presuposiciones y entrañamientos, hay que observar si la información inferida permanece cuando se niega el enunciado o no. Las presuposiciones sobreviven cuando se niega el enunciado, mientras que los entrañamientos no lo hacen. De una oración como *Juan ha visto un cerdo en la calle*, se obtiene el entrañamiento *Juan ha visto un animal en la calle*. En cambio, si se niega el enunciado, *Juan no ha visto un cerdo en la calle*, no necesariamente tiene que ser cierto el entrañamiento anterior. En cambio, de una oración como *Juan consiguió alcanzar el premio*, se obtiene la presuposición *Juan intentó alcanzar el premio*; esta información implícita también está presente cuando se niega el enunciado: *Juan no consiguió alcanzar el premio*.

A pesar de la heterogeneidad que recoge el concepto de significado no explícito, lo cierto es que no todos ellos han sido estudiados cuantitativamente en la misma proporción ni todos han recibido el mismo interés. Así, por ejemplo, la atención prestada a las presuposiciones en niños con TEA es cuantitativamente insignificante (Cheung, Politzer-Ahles, Hwang, Chui, Leung y Tang, 2017; Cheung, Rong, Chen, Leung y Tang, 2019) y en los entrañamientos es nula. Las implicaturas convencionales, por su parte, tampoco han recibido mucha atención (Chin, 2017); sin embargo, es conveniente indicar que las implicaturas convencionales han estado sujetas a debate dentro de la propia lingüística, puesto que no han faltado autores que han defendido que las implicaturas convencionales no es más que un tipo particular de presuposición (Bach, 1999; Potts, 2015). En cambio, todo lo concebido como ICP según la tradición de Grice (1975) ha recibido una notoria atención en la investigación de niños con TEA: son diferentes los trabajos que han abordado los actos indirectos y la interpretación de las intenciones comunicativas (Paul y Cohen, 1985; Happé, 1994; Papp, 2006; Kaland, Møller-Nielsen, Callesen, Mortensen, Gottlieb y Smith, 2002, Kaland, Møller-Nielsen, Smith, Mortensen, Callesen, y Gottlieb, 2005; Hill, Happé, y Frith, 2009, Mathersul, McDonald y Rushby, 2013; Jakobson, Pearson, Kozub, Hare, Rigby, 2018), los sentidos figurados que se localizan en las metonimias, las frases hechas y especialmente las metáforas (Vosniado Ortony, Reynolds y Wilson, 1984; Happé, 1993; Norbury, 2004, 2005; Rundblad y Annaz, 2010a; 2010b; Pouscoulous, 2011, 2014; Gernsbacher y Pripas-Kapit, 2012; Gazal, Goldstein, Féin y Stringaris, 2012; Kasirer y Mashal, 2014, 2016; Chouinard y Cummine, 2016; Chahboun, Vulchanov, Saldaña, Eshuis, y Vulchanova, 2017; Kalandadze, Norbury, Nærland y Næss, 2018; Kalandadze, Bambini, Næss, 2019) y, muy significativa es también la atención que ha recibido el estudio de las ironías, los sarcasmos y los dobles sentidos en los niños con TEA (Happé, 1993; Loukusa *et al.*, 2006; Martin y McDonald, 2004; Pexman, Rostad, McMorris, Climie, Stowkowy y Glenwright, 2011; Colich, Wang, Rudie, Hernández, Bookheimer y Dapretto, 2012; Deliens, Papastamou, Ruytenbeek, Geelhand, y Kissine, 2018), entre otros fenómenos.

1.2. Las implicaturas conversacionales generalizadas en niños normotípicos y niños con trastorno de espectro autista

Las ICG sí que han recibido una relativa atención en los últimos años, frente a las implicaturas convencionales, presuposiciones y entrañamientos. Sin embargo, cabe indicar que, según Pastor-Cerezuela,

Tordera Yllescas, González-Sala, Montagut-Asunción y Fernández-Andrés (2018), la mayoría de estudios que han abordado la relación entre ICG y TEA se han centrado en las implicaturas escalares (Horn, 1972, 1984 y 1989; Gazdar, 1979) o, siguiendo la nomenclatura de Levinson (2000), en las implicaturas Q.

Si se presta atención al desarrollo normotípico de las implicaturas Q cabe señalar que algunos estudios indican que la adquisición de las ICG es un proceso relativamente tardío: como mínimo, entre los 4 y 5 años, los niños suelen presentar problemas (Chierchia , Guasti, Gualmini, Meroni, Crain y Foppolo, 2004; Eiteljoerge, Pouscoulous, y Lieven, 2018; Foppolo, Guasti y Chierchia, 2012; Huang y Snedeker, 2009). Noveck (2001) demostró que muchos niños de 4 años aceptan como verdaderas o adecuadas oraciones *Algunas jirafas tienen cuellos largos*. Esto contrasta con el juicio de muchos adultos, que consideran que la oración sería falsa o, como mínimo, extraña, dado que, de acuerdo con la implicatura Q este enunciado llevaría a la inferencia *No todas las jirafas tienen cuellos largos*. Por ello, se puede presuponer que, inicialmente, los niños interpretan los cuantificadores exclusivamente de acuerdo con un razonamiento lógico o semántico: la veracidad de un enunciado con el cuantificador universal *todos* implica la veracidad del mismo enunciado con el cuantificador existencial *algunos*, pero la veracidad de un enunciado con el cuantificador existencial no lleva necesariamente a la falsedad del mismo enunciado con el cuantificador universal. En cambio, los adultos, cuando juzgan al enunciado *Algunas jirafas tienen cuellos largos* como falsa están siguiendo un razonamiento de tipo pragmático.

Asimismo, los estudios de Eiteljoerge, Pouscoulous y Lieven (2018) y de Pouscoulous Noveck, Politzer y Bastide (2007) realizan algunas precisiones. En concreto, estos trabajos demostraron que los niños no pueden realizar implicaturas Q al igual que los adultos hasta llegar a la edad de 7 años, aunque el proceso se inicie ya a la edad de 4 años. Además, señalaron que la complejidad o frecuencia léxica (v.gr.: *algunos* frente a *ciertos*) o la introducción de la negación (v.gr.: *algunos* frente a *algunos no*; *todos* frente a *todos no*...) podrían ser factores que obstaculizaran el procesamiento de la implicatura de tal modo que, hasta la edad de los 9 años, los niños no suelen procesar todos los tipos de ICG de la misma forma que los adultos.

Se han propuesto al menos tres posibles hipótesis para explicar la forma en que los niños más pequeños procesan las ICG, a saber, la hipótesis de la tolerancia, la hipótesis de la pertenencia y la explicación lexicalista. Según la hipótesis de la tolerancia, los niños pueden poseer la competencia para calcular implicaturas escalares; sin embargo, cuando se trata de violaciones pragmáticas, son más tolerantes que los adultos (Katsos y Bishop, 2011). Por este motivo, no verían ningún problema en interpretar que un enunciado como *Algunas jirafas tienen el cuello largo* pueda tener el mismo sentido que *Todas las jirafas tienen el cuello largo.* Para la hipótesis de la pertenencia, el problema en el procesamiento pragmático sería causado probablemente por la dificultad para reconocer lo relevante en la conversación (Skordos y Papafragou, 2016). En un contexto en el que alguien afirma *Algunos estudiantes no han venido a clase*, sin mayor información que exprese lo contrario, lo más pertinente sería considerar que *No todos los estudiantes han venido a clase.* Por último, según la explicación lexicalista, los niños pequeños no pueden calcular las implicaturas escalares porque, aunque conocen el significado de los cuantificadores escalares, es posible que no tengan acceso a sus alternativas escalares (Barner y Bachrach, 2010; Barner, Brooks y Bale, 2011). Como se expresa en Levinson (2000: 130-166), los distintos elementos escalares mantienen entre sí relaciones complejas (contradicción, contrariedad, subalternidad y subcontrariedad). Los niños más pequeños conocerían el significado léxico de las palabras, pero no habrían desarrollado todavía las relaciones lógico-semánticas que mantienen entre sí y, en consecuencia, no podrían establecer que los elementos escalares débiles como *algunos*, por ejemplo, permiten inferir que no se da el elemento escalar fuerte con el que mantiene una relación de subalternidad, como ocurre con *todos* (o entre *algunos no* y *ninguna*; *algunas veces* y *siempre*; *posiblemente* y *seguramente*...).

En el caso de los niños con TEA y las ICG, cabe indicar que, pese a que algunos estudios han indicado que no existen diferencias en su procesamiento entre niños normotípicos y con TEA (Su y Su, 2015; Hochstein, Bale y Barner, 2018), otros estudios como los de Schaeken, Van

Haeren, y Bambini (2018), Pastor-Cerezuela, Tordera Yllescas, González-Sala, Montagut-Asunción y Fernández-Andrés (2018) y Mazzaggio, Foppolo, Job y Surian (2021) defienden una postura contraria.

El trabajo de Schaeken, Van Haeren, y Bambini (2018), que persigue el mismo objetivo que el de Su y Su (2015), contó con 3 grupos: 22 niños con TEA (con una edad media, EM, de 10, 18 con una desviación típica, DT, de 1,736, CI medio de 89,00 y DT de 13,046), 22 niños normotípicos con edad cronológica similar (EM de 10,23 y DT de 1,510) y 22 niños (EM de 11.16 y DT de 1.974, y CI de 89.18 y DT de 11.652). El procedimiento consistió en contar una historia apoyada con imágenes. Cuando se concluía, se profería un enunciado que trataba de sintetizar lo ocurrido. Las oraciones podían ser verdaderas, falsas o infrainformativas (por ejemplo, se utilizaban enunciados como *El elefante empujó a algunos coches* cuando la verdad es que empujó a todos los coches). En la primera tarea, los sujetos solo podían responder si estaban de acuerdo o no con lo dicho. La alternativa de respuesta era dicotómica. En la segunda tarea, en cambio, se añadía una tercera respuesta: *Estoy totalmente de acuerdo*, *Estoy algo de acuerdo* y *Estoy totalmente en desacuerdo*.

En el primer experimento, con respuestas dicotómicas, sorprendentemente los niños con TEA, frente a los otros dos grupos, tendían a responder más con una interpretación pragmática que lógica/semántica ante los enunciados infrainformativos: ante la oración *El elefante empujó algunos camiones*, tendían a interpretar que no era cierto porque el elefante empujaba todos los camiones. Para el resto de enunciados (verdaderos o falsos), no existían diferencias entre los 3 grupos. En el segundo experimento, en cambio, el grupo de TEA dio menos respuestas de *Estoy un poco de acuerdo* y más respuestas de *Estoy totalmente en desacuerdo* o *Estoy totalmente de acuerdo* para los enunciados poco informativos que el grupo con la misma edad cronológica. En cambio, los niños con idéntico CI ofrecieron un resultado similar a los de los niños con TEA: ambos grupos tendían a ofrecer respuestas extremas. Para los autores este patrón dicotomizado de respuesta en niños con TEA podría ser indicativo de una dificultad o retraso a nivel inferencial, de tipo pragmático griceano.

En el trabajo de Pastor-Cerezuela, Tordera Yllescas, González-Sala, Montagut-Asunción y Fernández-Andrés (2018), se trató de demostrar si los niños con TEA tenían dificultades con las implicaturas, pero no solo con las implicaturas escalares o Q tal como han abordado de manera exclusiva la mayoría de trabajos anteriores, sino que, siguiendo el modelo teórico de Levinson (2000), se comprobó si también presentaban problemas con las implicaturas I y M. El estudio contó con 22 niños con TEA de grado 2 con una edad cronológica media de 10,92 años (DT = 1,19) y una edad lingüística media de 8,28 años (DT = 1,88), con otro grupo normotípico, TCD, igualado en edad cronológica, con una edad cronológica media de 10,89 años (DT = 1,02) y una edad lingüística media de 11,48 años (DT = 1,55) y con otro grupo normotípico, TLD, igualado en edad lingüística, con una edad cronológica media de 8,35 años (DT = 0,32) y edad lingüística media de 8,64 años (DT = 2,02). Mediante un cuestionario creado *ad hoc*, se les mostró una oración de partida y debían elegir entre 3 opciones cuál era la que activaba la ICG implícita en la respuesta correcta.

El grupo TCD mostró los mejores resultados tanto en el número de respuestas correctas como en el tiempo de respuesta, mientras que el grupo TEA mostró un peor desempeño de las tareas (por tiempo y corrección). Además, los niños con TEA mostraron peores resultados en cada uno de los tipos de implicaturas, Q, I y M respecto a los otros dos grupos. Además, en los grupos TCD y TLD, se observó que las implicaturas I eran aquellas con las que se obtenían más aciertos, mientras que las implicaturas M eran las más difíciles. Por todo ello, se propuso una escala inferencial, I >> Q >> M, que atendía al grado de dificultad de cada implicatura, desde las que son más independientes de habilidades no lingüísticas (las I) hasta aquellas en las que algunas habilidades como la ToM podían ser necesarias (como ocurre en las implicaturas M). Esta escala podría prever qué tipo ICG se adquiriría antes e incluso cuáles serían las más fáciles para comenzar la intervención ante un niño con TEA con dificultades.

En el trabajo de Mazzaggio, Foppolo, Job y Surian (2021), que contó con niños con TEA (con una edad cronológica entre 4 y 10 años) y niños normotípicos (con unas edades similares), se demostró que los niños con TEA tienen cierta competencia que les permite procesar las ICG e incluso las ICP, pero en comparación con el grupo control, los niños con TEA presentan más problemas. Por tanto, su adquisición parece más tardía. Además, según los autores, el procesamiento de las ICG está modulada en los niños con TEA por la ToM, mientras que, en los niños normotípicos, sería la competencia sintáctica la que prediría el correcto procesamiento de las ICG. Según los autores, la ToM no desempeñaría ningún papel relevante en el procesamiento de las ICP. Como los propios autores admiten, estas conclusiones son sorprendentes. No es lo que se esperaría desde una postura lingüística ni lo que apoyan los diferentes trabajos que se ha ocupado de algún aspecto de las ICP que han sido citados en el apartado 1. En la mayoría de estos trabajos, la ToM desempeña un papel fundamental en el procesamiento de las diferentes ICP: ironías, actos indirectos, sentidos figurados...

1.3. La justificación de este trabajo

Ante los hechos señalados, entendemos que es relevante trabajar las ICG en niños con TEA. En concreto, se han de trabajar los tres tipos de ICG, a saber, las I, las Q y las M y se ha de hacer en este orden atendiendo a la dificultad de cada uno de estos elementos. En el caso de las implicaturas Q se han de tener en cuenta otras variables como es el número de cuantificadores (*todos* o *algunos*) u operadores lógicos (conjunción copulativa o disyunción) implicados, así como la introducción de la negación, dado que estos elementos dificultan el procesamiento de la información. Finalmente, aunque existen trabajos que niegan la implicación de la ToM en el procesamiento de las ICG, al menos, de las ICG escalares (Andrés-Roqueta y Katsos, 2017; Hochstein, Bale, y Barner, 2018), entendemos que esta habilidad, que ha sido defendida como básica para el procesamiento de las ICP, debe ser también trabajada en las ICG, como mínimo, porque esto permitiría un paso gradual de las ICG a las ICP. Además, debe tenerse en consideración que los estudios actuales no son unánimes en esta cuestión y que algunos autores indican que la ToM es necesaria, cuando menos, para las implicaturas de tipo M (Pastor-Cerezuela, Tordera Yllescas, González-Sala, Montagut-Asunción y Fernández-Andrés, 2018); por ello, nos parece adecuado trabajar esta habilidad en las ICG.

Con este fin hemos realizado el presente manual inspirado en las diferentes propuestas de Su y Su (2015), de Hochstein, Bale y Barner (2018), de Schaeken, Van Haeren, y Bambini (2018), de Pastor-Cerezuela, Tordera Yllescas, González-Sala, Montagut-Asunción y Fernández-Andrés (2018) y de Mazzaggio, Foppolo, Job y Surian (2021).

El presente manual cuenta con 3 apartados que trabajan los siguientes tipos de ICG:

1. Implicatura I: antes de los 7 años
2. Implicatura Q:
   Tanda 1: Inferencias Q simples: a partir de los 7 años
   Tanda 2: Inferencias Q simples y con combinación de cuantificadores y operadores lógicos: a partir de los 7 años
   Tanda 3. Inferencias Q con negaciones
   Tanda 4. Inferencias Q y ToM
3. Implicatura M: a partir de los 12 años

2. Referencias bibliográficas

Andrés-Roqueta, Clara y Napoleon Katsos (2017). The contribution of grammar, vocabulary and theory of mind in pragmatic language competence in children with autistic spectrum disorders. *Frontiers in Psychology*, 8: 996-1001.

Artigas, Josep (1999). El lenguaje en los trastornos autistas. *Revista de neurología*, 28 (2): 118-23.

Bach, Kent (1999). The myth of conventional implicature. *Linguistics and Philosophy*. 22: 327-366.

Barner, David y Asaf Bachrach (2010). Inference and exact numerical representation in early language development. *Cognitive psychology*. 60(1): 40-62.

Barner, David, Neon Brooks y Alan Bale (2011). Accessing the unsaid: The role of scalar alternatives in children's pragmatic inference. *Cognition*, 118(1): 84-93.

Carston, Robyn (1995). Quantity maxims and generalised implicature. *Lingua*, 96: 213-244.

Chahboun, Sobh, Valentine Vulchanov, David Saldaña, Hendrik Eshuis y Mila Vulchanova (2017). Can you tell it by the prime? A study of metaphorical priming in high-functioning autism in comparison with matched controls. *International Journal of Language & Communication Disorders*, 52: 766-785.

Cheung, C. Candice, Stephen Politzer-Ahles, Heeju Hwang, Ronald Lung Yat Chui, Man Tak Leung y Tempo Po Yi Tang (2017). Comprehension of presuppositions in school-age Cantonese-speaking children with and without autism spectrum disorders. *Clinical Linguistics & Phonetics*, 31: 557-572.

Cheung, C., Candice, Yicheng Rong, Fei Chen, Man Tak Leung, y Tempo Po Yi Tang (2019). Comprehension of presupposition triggers in Cantonese-speaking children with and without autism spectrum disorders. *Clinical Linguistics & Phonetics*, 34(4): 388-406.

Chierchia, Gennaro, María Teresa Guasti, Andrea Gualmini, Luisa Meroni, Stephen Crain y Francesca Foppolo (2004). Semantic and pragmatic competence in children's and adults' comprehension of *or*. En *Experimental pragmatics*, Palgrave Macmillan, Londres: 283-300.

Chin, Iris (2017). *Variability in Pragmatic Abilities in Children with Autism Spectrum Disorder* (tesis doctoral).

Chouinard, Brea, y Jacqueline Cummine (2016). All the world's a stage: Evaluation of two stages of metaphor comprehension in people with autism spectrum disorder. *Research in Autism Spectrum Disorders*, 23: 107-121.

Colich, Natalie L., Audrey-Ting Wang, Jeffrey D. Rudie, Leanna M. Hernández, Susan Y. Bookheimer y Mirella Dapretto (2012). Atypical neural processing of ironic and sincere remarks in children and adolescent with autism spectrum disorders. *Metaphor and Symbol*, 27(1): 70-92.

Deliens, Gaétane, Fanny Papastamou, Nicolas Ruytenbeek, Philippine Geelhand y Mikhail Kissine (2018). Selective Pragmatic Impairment in Autism Spectrum Disorder: Indirect Requests Versus Irony. *Journal of Autism and Developmental Disorders*, 48, 2938-2952.

Eiteljoerge, Sarah F. V., Nausicaa Pouscoulous y Elena V. M. Lieven (2018). Some Pieces Are Missing: Implicature Production in Children. *Frontiers in Psychology*, 9.

Foppolo, Francesca, María Teresa Guasti y Gennaro Chierchia (2012). Scalar implicatures in child language: Give children a chance. *Language learning and development*, *8*(4), 365-394.

Frith, Uta (1999). *Autismo: hacia una explicación del enigma*. Madrid: Alianza.

Gazdar, Gerald (1979). *Pragmatics: Implicature, Presupposition, and Logical Form*. Nueva York: Academic Press.

Gernsbacher, Morton Ann y Sarah R. Pripas-Kapit (2012). Who's missing the point? A commentary on claims that autistic persons have a specific deficit in figurative language comprehension. *Metaphor and Symbol*, 27: 93-110.

Giora, Rachel, Oshrat Gazal, Idit Goldstein, Ofer Fein y Argyris Stringaris (2012). Salience and context: Interpretation of metaphorical and literal language by young adults diagnosed with Asperger's syndrome. *Metaphor and Symbol*, 27: 22-54.

Grice, H. Paul (1975). Logic and conversation. En P. Cole y J.L. Morgan, *Syntax and Semantics 3: Speech Acts*. Nueva York: Academic Press: 41-58.

Happé, Francesca (1993). Communicative competence and theory of mind in autism: A test of relevance theory. *Cognition*, 48: 101-119.

Happé, Francesca (1994). An advanced test of theory of mind: Understanding of story characters' thoughts and feelings by able autistic, mentally handicapped, and normal children and people. *Journal of Autism and Developmental Disorders*, 24 (2): 129-154.

Hochstein, Lara, Alan Bale y David Barner (2018). Scalar Implicature in Absence of Epistemic Reasoning? The Case of Autism Spectrum Disorder. *Language Learning and Development*, 14(3): 224-240.

Huang, Yi Ting y Jesse Snedeker (2009). Semantic meaning and pragmatic interpretation in 5-year-olds: Evidence from real-time spoken language comprehension. *Developmental psychology*, 45(6): 17-23.

Jakobson, Lorna S., Pauline M. Pearson, Zofia Kozub, Colleen Hare, Sarah N. Rigby (2018). Links between traits associated with the broad autism phenotype and empathy and young adults' ability to decode speaker intentionality. *Research in Autism Spectrum Disorders*, 50: 11-21.

Kaland, Nils, Annette Møller-Nielsen, Kirsten Callesen, Erik L. Mortensen, Dorte Gottlieb y Lars Smith (2002). A new 'advanced' test of theory of mind: Evidence from children and adolescents with Asperger syndrome. *Journal of Child Psychology and Psychiatry*, 43 (4): 517-528.

Kaland, Nils, Annette Møller-Nielsen, Lars Smith, Erik L. Mortensen, Kirsten Callesen y Dorte Gottlieb (2005). The strange stories test: A replication study of children and adolescents with Asperger syndrome. *European Child and Adolescent Psychiatry*, 14: 73-82.

Kalandadze, Tamar, Courtenay Norbury, Terje Nærland y B. Kari-Anne Næss (2018). Figurative language comprehension in individuals with autism spectrum disorder: A meta-analytic review. *Autism: International journal of research and practice*, 22: 99-117.

Kalandadze, Tamar, Valentina Bambini y Kari-Anne Næss (2019). A systematic review and meta-analysis of studies on metaphor comprehension in individuals with autism spectrum disorder: Do task properties matter? *Applied Psycholinguistics*, 40(6), 1421-1454.

Kasirer, Anat y Nira Mashal (2014). Verbal creativity in autism: comprehension and generation of metaphoric language in high-functioning autism spectrum disorder and typical development. *Frontiers in Human Neuroscience*, 8, 615.

Kasirer, Anat y Nira Mashal. 2016. Comprehension and generation of metaphors by children with autism spectrum disorder. *Research in Autism Spectrum Disorders*, 32, 53-63.

Katsos, Napoleon y Dorothy V. Bishop (2011). Pragmatic tolerance: Implications for the acquisition of informativeness and implicature. *Cognition, 120*(1), 67-81.

Kowatch, Kristy, Juanita M. Whalen, y Penny M. Pexman (2013). Irony comprehension in action: A new test of processing verbal irony. *Discourse Processes*, 50, 301-315.

Levinson, Stephen (1983). *Pragmatics*. Cambridge. Cambridge University Press.

Levinson, Stephen (2000) [2004]. *Significados presumibles*. Madrid: Gredos.

Loukusa, Soile, Eeva Leinonen, Sanna Kuusikko, Katja Jussila, Marja-Leena Mattila, Nuala Ryder, Hanna Ebeling e Irma Moilanen (2006). Use of context in pragmatic language comprehension by children with Asperger syndrome or high-functioning autism. *Journal of Autism and Developmental Disorders*, 37(6), 1049-1059.

Martin, Ingerith, y Skye McDonald (2004). An exploration of causes of non-literal language problems in individuals with Asperger syndrome. *Journal of Autism and Developmental Disorders*, 34(3), 311-328.

Martos, Juan y Raquel Ayuda (2002). Comunicación y lenguaje en el espectro autista: el autismo y la disfasia. *Revista de Neurología*, 34 (1): 58-63.

Mathersul, Danielle, Skye McDonald y Jacqueline A. Rushby (2013). Understanding advanced theory of mind and empathy in high-functioning adults with autism spectrum disorder. *Journal of Clinical and Experimental Neuropsychology*, 35(6): 655-668.

Mazzaggio, Greta, Francesca Foppolo, Remo Job y Luca Surian (2017). Guess What? Comparing Ad-hoc and Scalar Implicatures in Children with Autism Spectrum Disorder. *Frontiers in Psychology*, 8.

Mazzaggio, Greta, Francesca Foppolo, Remo Job y Luca Surian (2021). Ad-hoc and Scalar Implicatures in Children with Autism Spectrum Disorder. *Journal of Communication Disorders*, 90: 106089.

Norbury, Courtenay F. (2004). Factors supporting idiom comprehension in children with communication disorders. *Journal of Speech, Language, and Hearing Research*, 47, 1179-1193.

Norbury, Courtenay F. (2005). The relationship between theory of mind and metaphor: Evidence from children with language impairment and autistic spectrum disorder. *British Journal of Developmental Psychology*, 23: 383-399.

Noveck, Ira A. (2001). When Children are More Logical Than Adults: Experimental Investigations of Scalar Implicature, *Cognition* 78: 165-188.

Papp, Szilvia (2006). A Relevance-Theoretic Account of the Development and Deficits of Theory of Mind in Normally Developing Children and Individuals with Autism. *Theory & Psychology*, 16(2): 141-161.

Pastor-Cerezuela, Gemma, Juan Carlos Tordera Yllescas, Francisco González-Sala, Maite Montagut-Asunción y M. Inmaculada Fernández-Andrés (2018). Comprehension of generalized conversational implicatures by children with and without autism spectrum disorder. *Frontiers in psychology*, 9: 272.

Paul, Rhea y Donald J.Cohen (1985). Comprehension of indirect requests in adults with autistic disorders and mental retardation. *Journal of Speech and Hearing Research*, 28(4): 475-479.

Pexman, Penny M., Kristin R. Rostad, Carly A. McMorris, Emma A. Climie, Jacqueline Stowkowy y Melanie R. Glenwright (2011). Processing of ironic language in children with high-functioning autism spectrum disorder. *Journal of Autism and Developmental Disorders*, 41(8): 1097-1112.

Pons Bordería, Salvador (2004). *Conceptos y aplicaciones de la Teoría de la Relevancia*. Madrid: Arco Libros.

Potts, Christopher (2015). Presupposition and implicature. En S. Lappin y C. Fox (eds.) *The Handbook of Contemporary Semantic Theory*. Massachusetts: Wiley-Blackwell Handbook: 168-202.

Pijnacker, Judith, Peter Hagoort, Jan Buitelaar, Jan-Pieter Teunisse y Bart Geurts (2009). Pragmatic inferences in high-functioning adults with autism and Asperger syndrome. *Journal of Autism and Development Disorder*, 39: 607-618.

Pouscoulous, Nausicaa (2011). Metaphor: For adults only? *Belgian Journal of Linguistics*, 25: 51-79.

Pouscoulous, Nausicaa (2014). "The elevator's buttocks" metaphorical abilities in children. En Matthews, D. (ed.), *Pragmatic development in first language acquisition*. Amsterdam: Benjamins: 239-260.

Pouscoulous, Nausicaa, Ira A. Noveck, Guy Politzer y Anne Bastide (2007). A developmental investigation of processing costs in implicature production. *Language Acquisition*. 14: 347-375.

Reyes, Graciela (1995). *El abecé de la pragmática*. Madrid: Arco-Libros.

Rundblad, Gabriella y Dagmara Annaz (2010a). The atypical development of metaphor and metonymy comprehension in children with autism. *Autism: International journal of research and practice*, 14: 29-46.

Rundblad, Gabriella y Dagmara Annaz (2010b). Development of metaphor and metonymy comprehension: Receptive vocabulary and conceptual knowledge. *British Journal of Developmental Psychology*, 28: 547-563.

Schaeken, Walter, Maire Van Haeren y Valentina Bambini (2018). The understanding of scalar implicatures in children with autism spectrum disorder: dichotomized responses to violations of informativeness. *Frontiers in psychology*, 9: 1266.

Skordos, Dimitrios y Anna Papafragou (2016). Children's derivation of scalar implicatures: Alternatives and relevance. *Cognition*, 153: 6-18.

Sperber, Dan y Deirdre Wilson (1995). *Relevance: Communication and Cognition*. Oxford: Blackwell. Segona Edició.

Su, Yi y Lin-Yan Su (2015). Interpretation of logical words in Mandarin-speaking children with autism spectrum disorders: uncovering knowledge of semantics and pragmatics. *Journal Autism Development Disorder*, 45: 1938-1950

Vulchanova, Mila, David Saldaña, Sobh Chahboun y Valentin Vulchanov (2015). Figurative language processing in atypical populations: the TEA perspective. *Frontiers in human neuroscience*, 9: 24. http://dx.doi.org/10.3389/fnhum.2015.00024.

Inferencias I:
Cómo interpretamos las cosas normalmente

A continuación, tu maestro o tu maestra te va a leer un enunciado. Para que entiendas bien este enunciado, te hemos puesto unos dibujos que pueden ayudarte a comprender mejor lo que te ha leído tu maestro o tu maestra. Al final, hay una pregunta. Entre las tres opciones que te indicamos, señala la respuesta correcta.

1. Juan viajó con el coche por la carretera muy rápido

¿Por qué tipo de carretera crees que viajó?

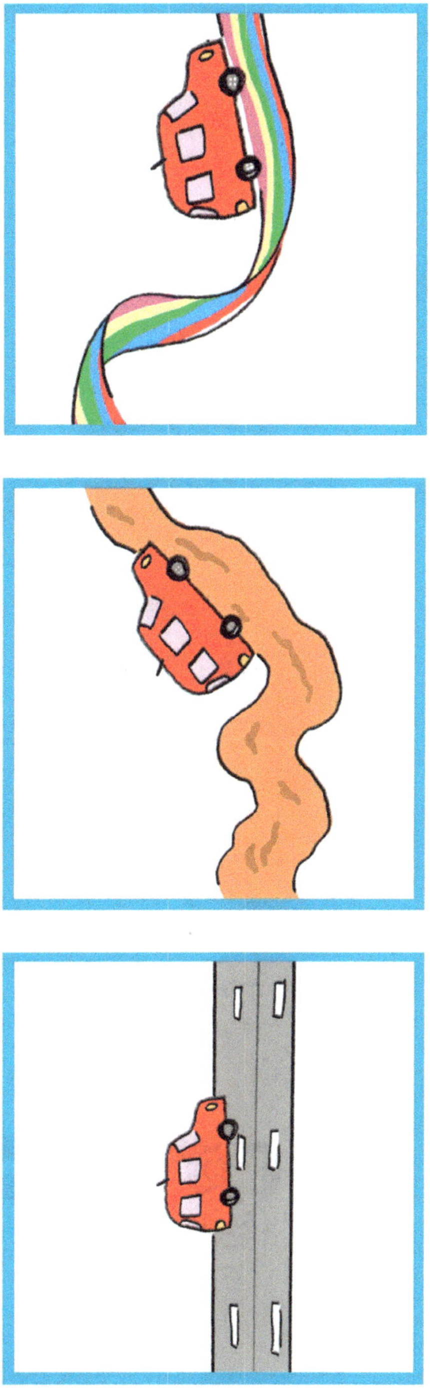

2. Los novios recién casados cortaron la tarta muy contentos

¿Qué crees que pasó?

3. Juan estaba muy cansado y se sentó en el banco

BANCO

4. A Manolita se le rompió el jarrón y, para arreglarlo, cogió la cola.

¿Qué crees que pasó?

5. El peluquero le cortó el pelo a María ayer.

6. Ayer Juan fregó la cocina.

¿Qué crees que pasó?

7. Manolo se lavó ayer los dientes.

¿Cómo crees que
se lavó los
dientes?

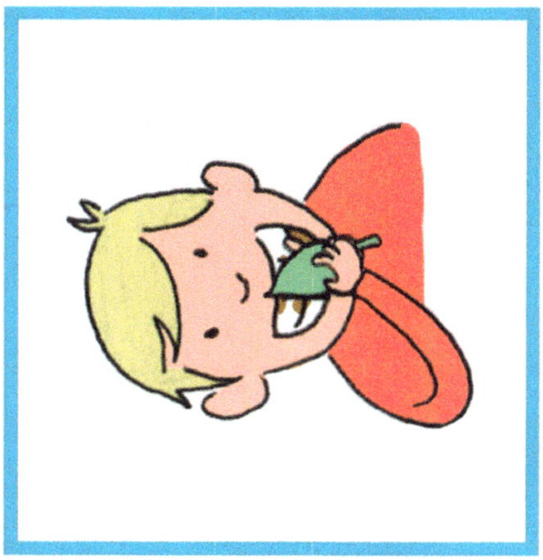

8. Juanito aprobó el examen del maestro de Matemáticas y, por eso, se puso muy contento.

¿Qué crees que pasó?

9. María le dio un besito a Pedro y se fue corriendo por la vergüenza.

10. María entró corriendo en la panadería y se chocó con el panadero. Hizo que tirara todo lo que tenía en las manos.

¿Qué crees que pasó?

PAN

11. Ayer, María cogió un libro y se puso a leerlo rápidamente.

¿Qué crees que pasó?

12. Ayer Juan se levantó de la cama, se lavó los dientes y se vistió con su traje gris y su corbata roja.

¿Qué crees que pasó?

13. María salió de clase y, por el pasillo del cole, se encontró con un niño rubio que no era nada alto.

14. A Pedrito le dieron ayer sus notas de Matemáticas.
No se puso contento cuando vio la nota.

¿Qué crees que pasó?

5

0

10

15. El padre de Antonio giró por una calle que no conocía. Al hacerlo, tuvo un problema porque se encontró luego con otra calle que no era ancha.

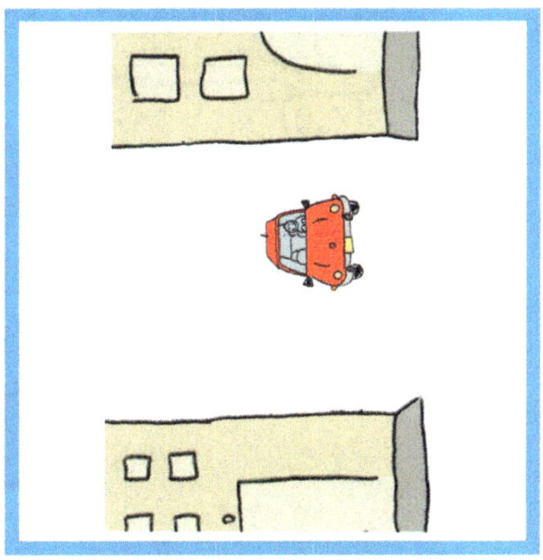

16. Juan fue primero al hospital y luego al colegio.
Allí la maestra le vio en el brazo una tirita.

¿Dónde crees que se la pusieron?

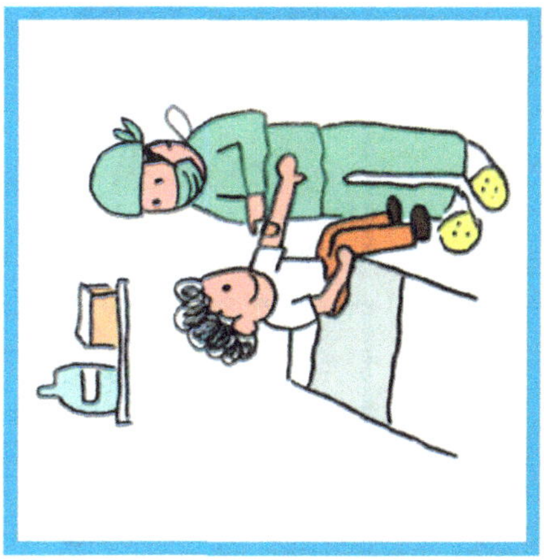

17. Juan fue primero a la biblioteca y luego al parque. Por la noche, se puso a leer un libro que le habían prestado.

18. Después de salir del restaurante, Anita se fue a casa. No se encontraba muy bien. Ese día se comió una hamburguesa muy grande.

¿Dónde crees que se comió la hamburguesa?

ABC

19. Una madre le dice a su hijo: «Si no suspendes ninguna asignatura, iremos al zoo». La madre y el niño van al zoo.

¿Qué crees que pasó?

10

21. La casa de Marta tuvo un pequeño incendio. Afortunadamente, lograron apagarlo a tiempo.

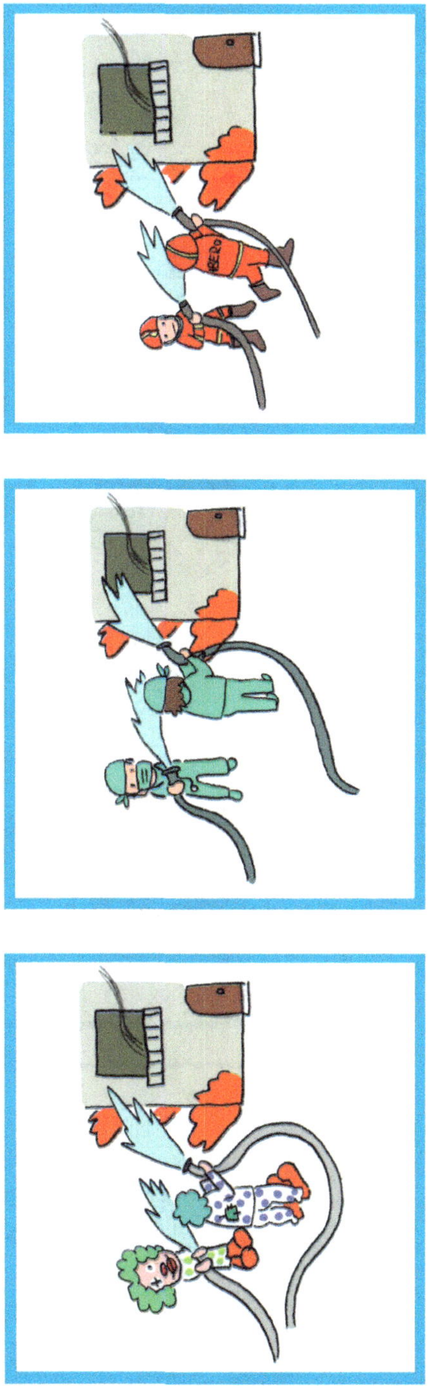

22. Marquitos tuvo un dolor de estómago y lo pasó muy mal.
Al final, le dieron una pastilla y se puso bien.

¿Quién crees que le dio la pastilla a Marquitos?

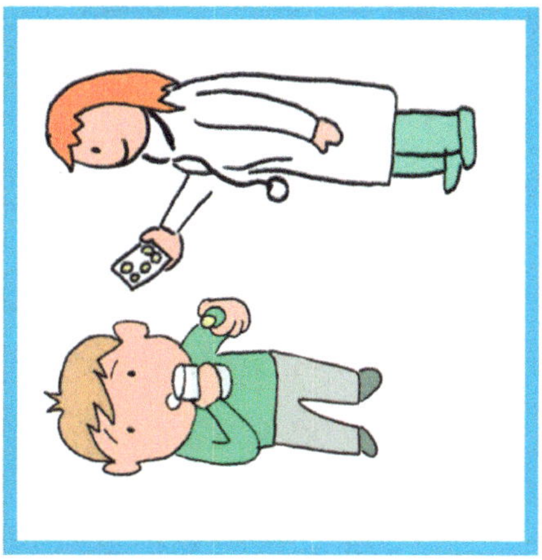

***Inferencias Q*: Cómo interpretar las cosas desde otra lógica**

Tanda 1.

A Manolita le gusta decir cosas muy interesantes. Tu maestra o tu maestro te va a decir qué ha dicho. Indica o señala qué imagen representa mejor lo que ha dicho Manolita.

Pregunta 1

Pregunta 2

Pregunta 3

Pregunta 4

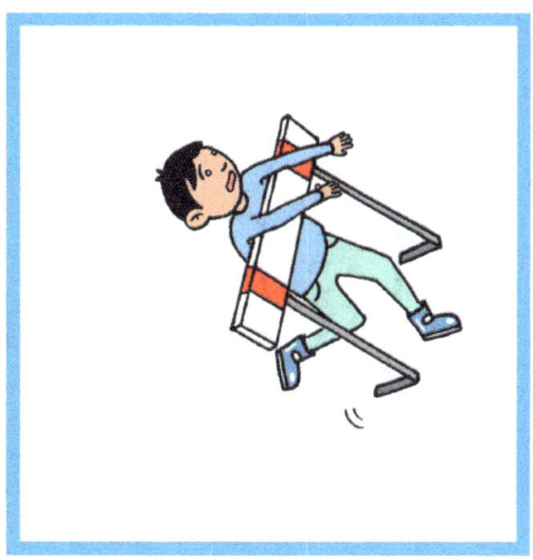

Pregunta 5

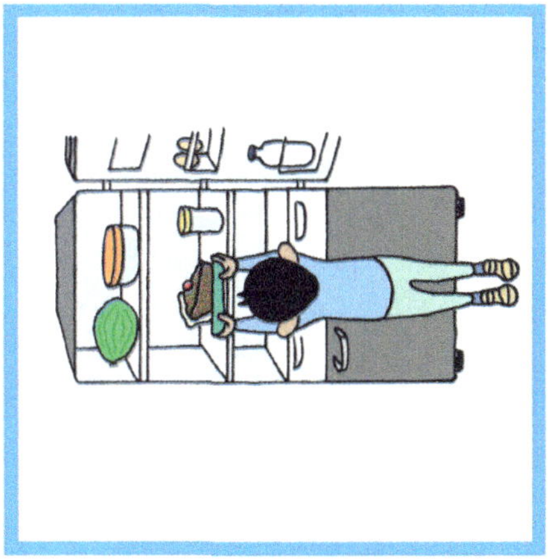

Pregunta 6

Pregunta 7

Pregunta 8

Pregunta 9

Pregunta 10

Pregunta 11

La mamá de Antonio le dejó comerse un trozo de pastel o unas galletas

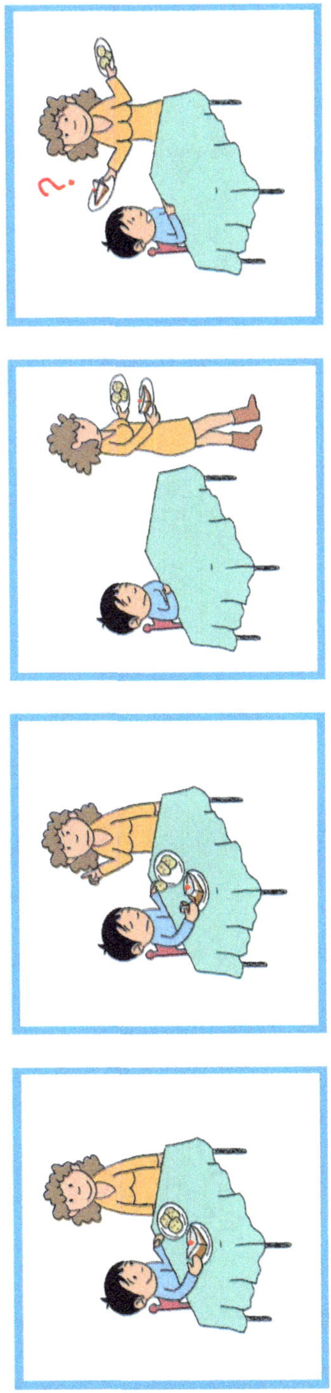

Tanda 2

El alumno tiene que indicar si las siguientes afirmaciones, que serán leídas, son verdaderas, son falsas o no tienen mucho sentido (o resultan «raras» o extrañas). En el caso de que no tengan mucho sentido o sean raras, tiene que decir el motivo.

Fila 1. Algunos niños tienen uvas.

Fila 2. Todos los niños tienen limones o un trozo de sandía.

Fila 3. Algunos niños tienen limones.

Fila 4. Todos los niños tienen un trozo de sandía.

Fila 5. Algunos niños tienen un trozo de sandía.

Fila 6. Todos los niños tienen un trozo de limón o de manzana.

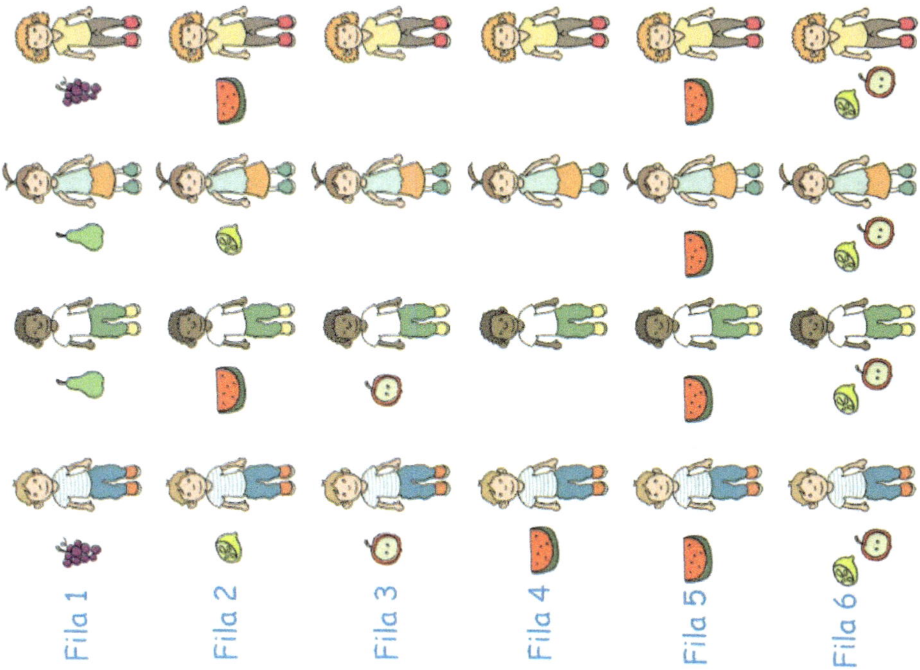
Fila 1
Fila 2
Fila 3
Fila 4
Fila 5
Fila 6

El alumno tiene que indicar si las siguientes afirmaciones, que serán leídas, son verdaderas, son falsas o no tienen mucho sentido (o resultan «raras» o extrañas). En el caso de que no tengan mucho sentido o sean raras, tiene que decir el motivo.

Fila 1. *Algunos niños tienen bastones de caramelo.*

Fila 2. *Todos los niños tienen chupachups o caramelos.*

Fila 3. *Algunos niños tienen bastones de caramelo.*

Fila 4. *Todos los niños tienen caramelos.*

Fila 5. *Algunos niños tienen bastones de caramelo.*

Fila 6. *Todos los niños tienen caramelos o bastones de caramelo.*

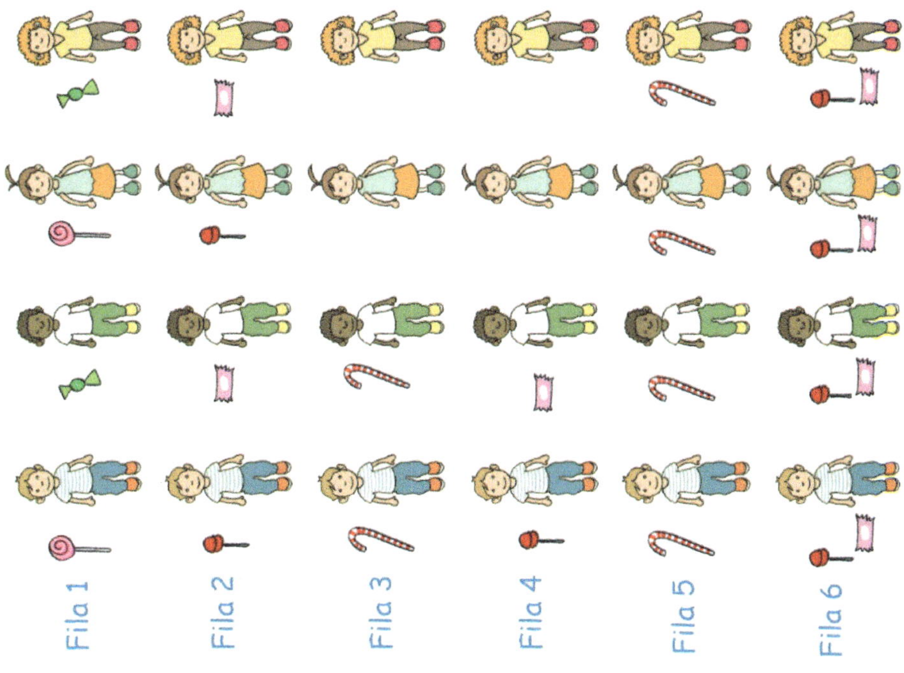
Fila 1
Fila 2
Fila 3
Fila 4
Fila 5
Fila 6

El alumno tiene que indicar si las siguientes afirmaciones, que serán leídas, son verdaderas, son falsas o no tienen mucho sentido (o resultan «raras» o extrañas). En el caso de que no tengan mucho sentido o sean raras, tiene que decir el motivo.

Fila 1. *Algunos niños tienen lápices.*

Fila 2. *Todos los niños tienen reglas.*

Fila 3. *Algunos niños tienen lápices.*

Fila 4. *Todos los niños tienen sacapuntas.*

Fila 5. *Algunos niños tienen bolígrafos.*

Fila 6. *Todos los niños tienen reglas o ceras de pintar.*

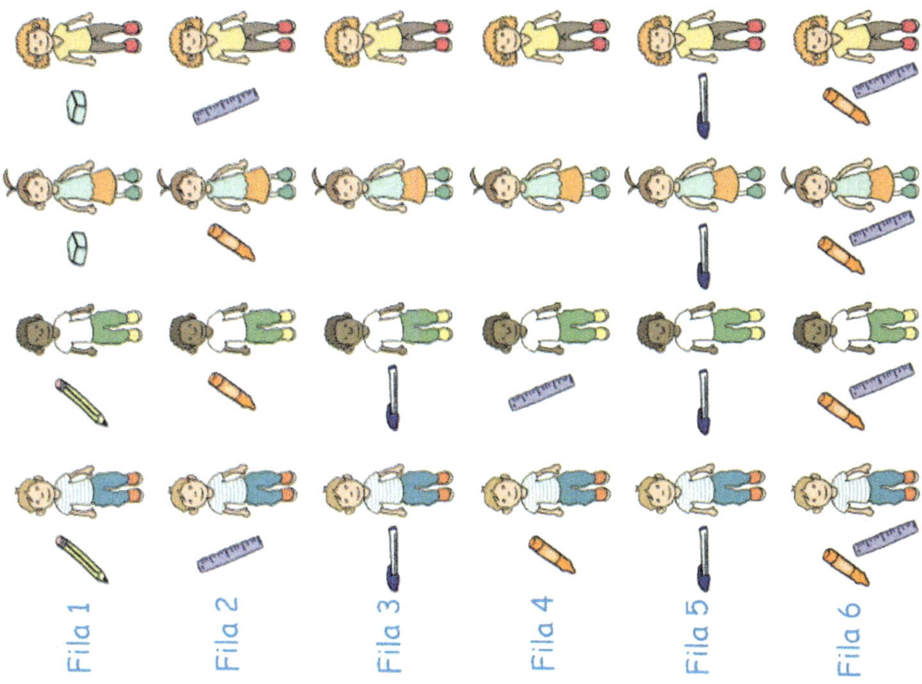
Fila 1
Fila 2
Fila 3
Fila 4
Fila 5
Fila 6

El alumno tiene que indicar si las siguientes afirmaciones, que serán leídas, son verdaderas, son falsas o no tienen mucho sentido (o resultan «raras» o extrañas). En el caso de que no tengan mucho sentido o sean raras, tiene que decir el motivo.

Fila 1. *Algunos niños tienen bufandas.*

Fila 2. *Todos los niños tienen zapatos o pantalones cortos.*

Fila 3. *Algunos niños tienen sombreros.*

Fila 4. *Todos los niños tienen zapatos.*

Fila 5. *Algunos niños tienen gorros.*

Fila 6. *Todos los niños tienen calcetines o pantalones cortos.*

Fila 1
Fila 2
Fila 3
Fila 4
Fila 5
Fila 6

El alumno tiene que indicar si las siguientes afirmaciones, que serán leídas, son verdaderas, son falsas o no tienen mucho sentido (o resultan «raras» o extrañas). En el caso de que no tengan mucho sentido o sean raras, tiene que decir el motivo.

Fila 1. *Algunos niños tienen balones.*

Fila 2. *Todos los niños tienen rastrillos o balones.*

Fila 3. *Algunos niños tienen palas.*

Fila 4. *Todos los niños tienen palas.*

Fila 5. *Algunos niños tienen palas.*

Fila 6. *Todos los niños tienen gafas de buzo o rastrillo.*

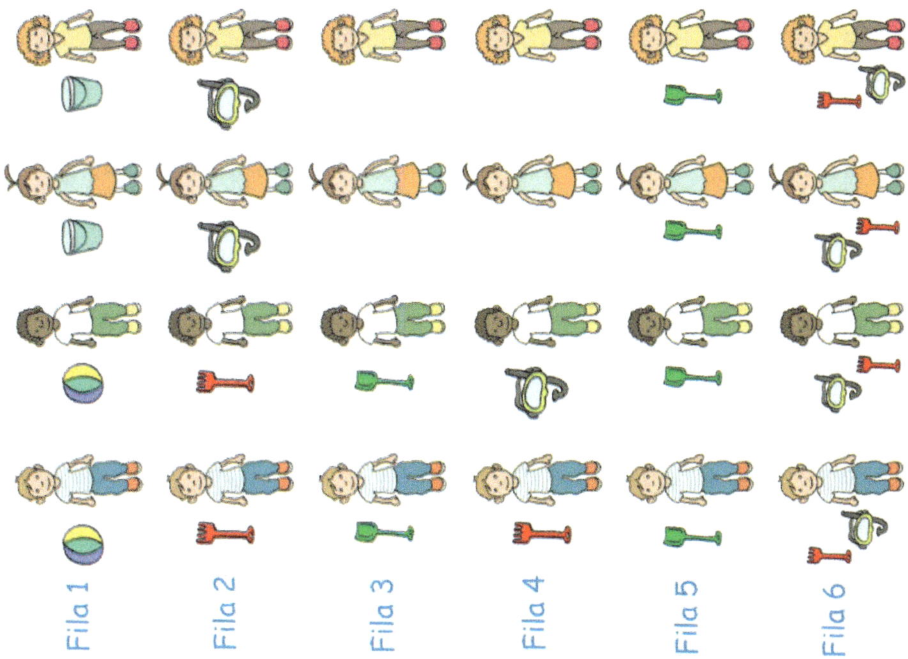
Fila 1
Fila 2
Fila 3
Fila 4
Fila 5
Fila 6

El alumno tiene que indicar si las siguientes afirmaciones, que serán leídas, son verdaderas, son falsas o no tienen mucho sentido (o resultan «raras» o extrañas). En el caso de que no tengan mucho sentido o sean raras, tiene que decir el motivo.

Fila 1. *Algunos niños tienen tenedores.*

Fila 2. *Todos los niños tienen cuchillos.*

Fila 3. *Algunos niños tienen coladores.*

Fila 4. *Todos los niños tienen tenedores.*

Fila 5. *Algunos niños tienen cuchillos.*

Fila 6. *Todos los niños tienen coladores o tenedores.*

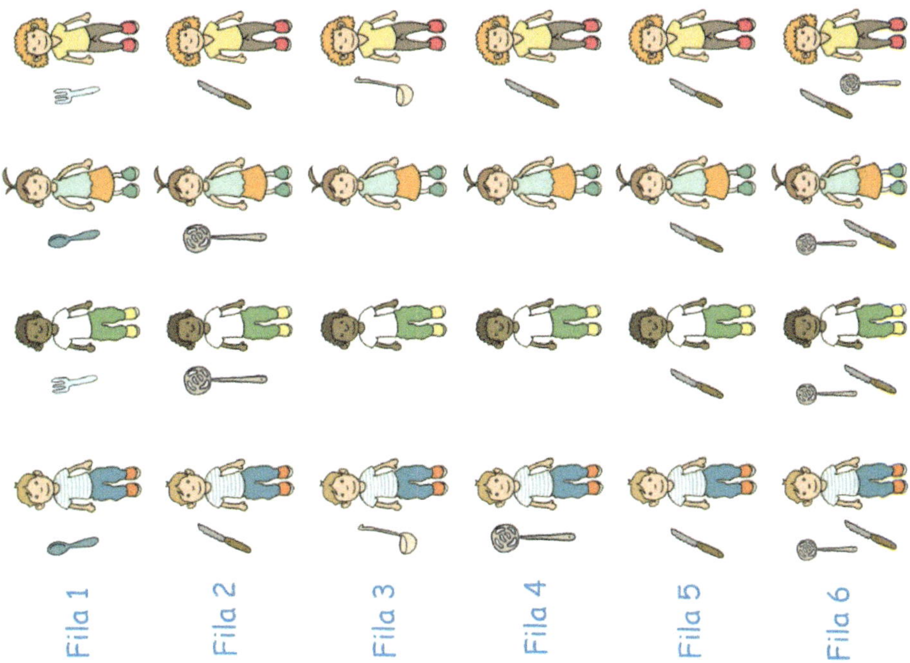
Fila 1
Fila 2
Fila 3
Fila 4
Fila 5
Fila 6

El alumno tiene que indicar si las siguientes afirmaciones, que serán leídas, son verdaderas, son falsas o no tienen mucho sentido (o resultan «raras» o extrañas). En el caso de que no tengan mucho sentido o sean raras, tiene que decir el motivo.

Fila 1. *Algunos niños solamente tienen chupetes.*

Fila 2. *Todos los niños tienen pañales.*

Fila 3. *Algunos niños tienen sonajeros.*

Fila 4. *Algún niño tiene un oso de peluche.*

Fila 5. *Algunos niños tienen pañales.*

Fila 6. *Todos los niños tienen osos de peluche o biberones.*

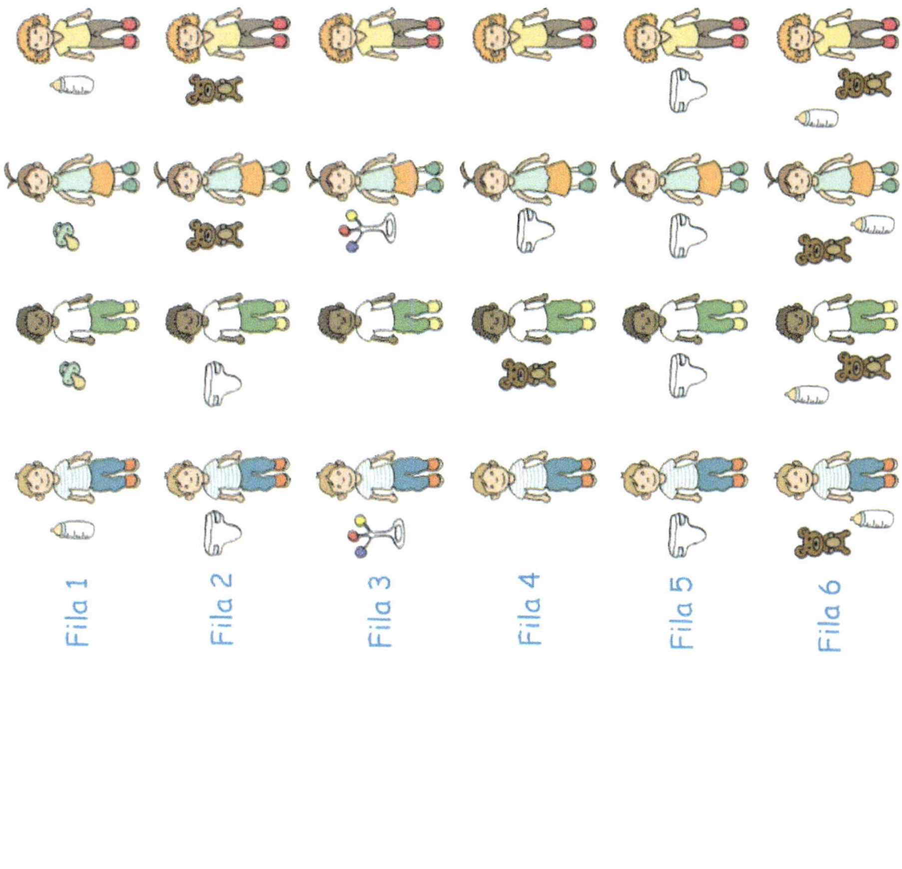
Fila 1
Fila 2
Fila 3
Fila 4
Fila 5
Fila 6

Tanda 3

A Manolita le gusta decir cosas muy interesantes. Tu maestra o tu maestro te va a decir qué ha dicho. Indica o señala qué imagen representa mejor lo que ha dicho Manolita.

Pregunta 1

Pregunta 2

Pregunta 3

Juan cogió el rastrillo y la pala, pero no jugó con las dos cosas en la arena

Pregunta 4

Juan cogió las gafas y los guantes, pero no se puso las dos cosas

Pregunta 5

En el bosque de Macondo, no siempre llueve. ¿Cómo te imaginas el bosque?

Pregunta 6

Pregunta 7

Pedro me ha dicho que no necesariamente veremos al león en el zoo. ¿Qué crees que vio?

Pregunta 8

La maestra le ha dicho a Antonio que no es necesario dibujar un león, pero Antonio lo dibuja. ¿Qué hará la maestra al ver el dibujo?

Pregunta 9

La maestra le ha dicho a Antonio que no es obligatorio cerrar la ventana, pero Antonio la cierra. ¿Qué hará la maestra al ver que Antonio la cierra?

Pregunta 10

Pregunta 11

Pregunta 12

Tanda 4

A los animalitos de Manolita les gusta jugar. Juegan a vendar los ojos de uno de ellos. Luego, sin que se dé cuenta el animal que tiene los ojos vendados, otro animal coge algunas cosas sin permiso. Manolita y otro animal lo han visto todo. A Manolita le gusta hacer preguntas. Contesta las preguntas de Manolita a ver si aciertas la respuesta.

Pregunta 1

Alguien dijo: "El oso ha cogido un plato o una taza". ¿Quién crees que lo ha dicho?

Pregunta 2

Alguien dijo: "El oso ha cogido un muñeco de trapo". ¿Quién crees que lo ha dicho?

Pregunta 3

Alguien dijo: "El oso ha cogido la pelota de baloncesto o los pantalones". ¿Quién crees que lo ha dicho?

Pregunta 4

Alguien dijo: "El oso ha cogido un trenecillo de juguete o una pelota". ¿Quién crees que lo ha dicho?

Pregunta 5

Alguien dijo: "El oso ha cogido un trenecillo de juguete y una cuerda". ¿Quién crees que lo ha dicho?

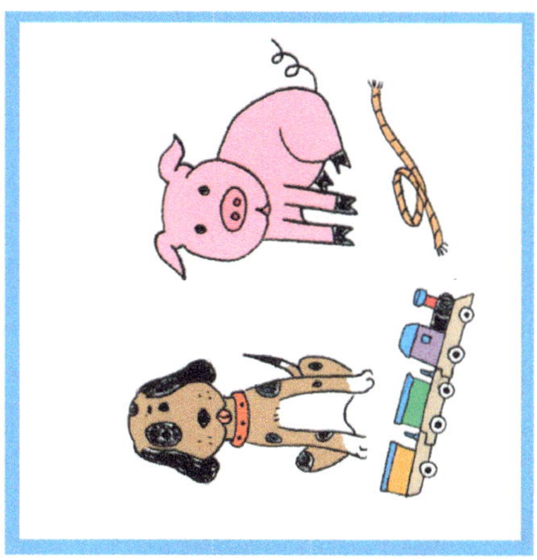

Pregunta 6

Alguien dijo: "El oso ha cogido un vaso o una cuerda". ¿Quién crees que lo ha dicho?

Pregunta 7

Alguien dijo: "El oso ha cogido algunas flores". ¿Quién crees que lo ha dicho?

Pregunta 8

Alguien dijo: "El oso ha cogido 3 caramelos ¿Quién crees que lo ha dicho?

Pregunta 9

Alguien dijo: "El oso ha cogido algunos bombones". ¿Quién crees que lo ha dicho?

Pregunta 10

Alguien dijo: "El oso ha cogido todos los lápices". ¿Quién crees que lo ha dicho?

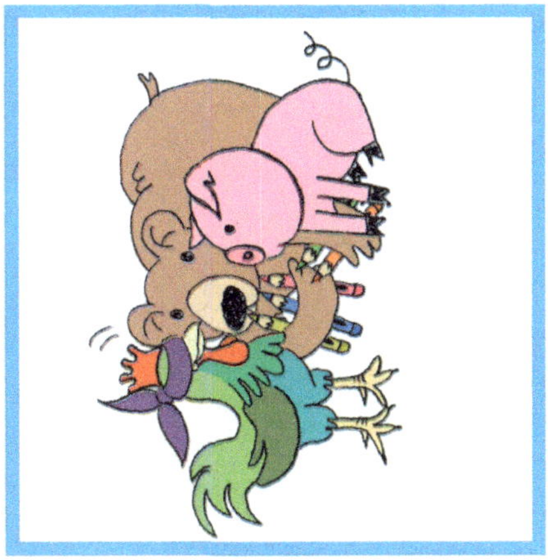

Pregunta 11

Alguien dijo: "El oso ha cogido 5 polos". ¿Quién crees que lo ha dicho?

Pregunta 12

Alguien dijo: "El oso ha cogido todos los chicles". ¿Quién crees que lo ha dicho?

Pregunta 13

Alguien dijo: "El oso ha cogido algunas flautas". ¿Quién crees que lo ha dicho?

Inferencias M: Cómo interpretamos las cosas que no son normales

A Manolita le gusta decir cosas muy interesantes. Tu maestra o tu maestro te va a decir qué ha dicho. Indica o señala qué imagen representa mejor lo que ha dicho Manolita.

Pregunta 1

Aquel niño estaba escuchando algo parecido a lo que llaman música

Pregunta 2

Antonio limpiaba la ventana y el niño se estaba comiendo un helado

Pregunta 3

El payaso entró en el circo y el hombre se puso a saltar de alegría

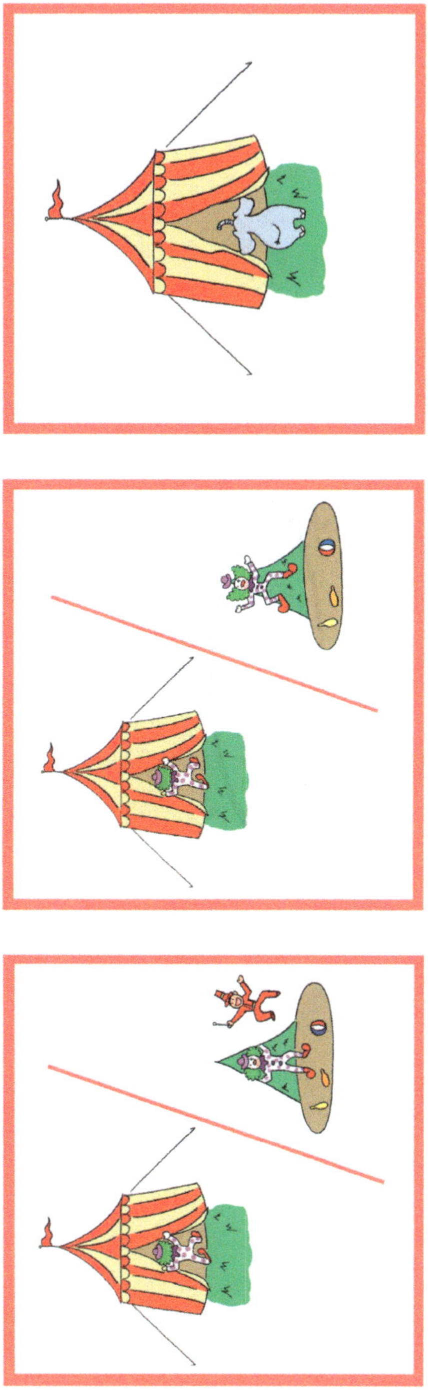

Pregunta 4

María pegó un estornudo muy grande y se limpió los mocos con un trozo de tela que funcionó como pañuelo

Pregunta 5

La niña estaba tocando lo que
algunos dirían que es
una flauta

A continuación, tu maestro o tu maestra te va a leer un enunciado. Para que entiendas bien este enunciado, te hemos puesto unos dibujos que pueden ayudarte a entender mejor lo que te ha leído tu maestro o tu maestra. Al final, hay una pregunta. Entre las tres opciones que te indicamos, señala la respuesta correcta.

6. María le pidió a Pedro un balón de baloncesto. Pedro compró uno del mercadillo. Pedro le preguntó qué le parecía aquel balón. María contestó que *quizás podría jugar con ese elemento redondo anaranjado para jugar a algún deporte como el fútbol*. ¿Crees que le gustó a María el balón? Señala la imagen que mejor describe el balón que Pedro dio a María.

7. Juanito le contó a María un chiste muy malo. Pedro, al verlos, dijo que María estaba tratando de abrir mucho la boca, expulsar mucho aire y decir «ja, ja, ja». ¿Crees que le gustó el chiste? Señala la imagen que mejor describe la actitud de María

JA JA JA

8. La maestra pidió a los alumnos que dibujaran un caballo. Juanito, que no es un buen dibujante, lo intentó. Al acabar, la maestra pensó que había trazado algunas líneas que intentaban representar unas piernas y quizás una cola de caballo. ¿Crees que el dibujo de Juanito era muy bonito? Indica la imagen que mejor describe el dibujo hecho por Juanito.

¿Crees que el dibujo de Juanito era muy bonito?

9. La maestra pidió a los alumnos que vinieran al siguiente día disfrazados de policías. Pedrito fue al día siguiente disfrazado de policía. La maestra, al verlo, pensó que Pedrito se había puesto algo que funcionaba como gorra de policía y una especie de palo que se parecía a una porra. ¿Crees que el traje de Pedrito era muy bonito? Señala la imagen que mejor represente el disfraz de Pedrito.

¿Crees que el traje de Pedrito era muy bonito?

10. Fernando, que no es muy buen cocinero, quiso prepararle a María una paella, una comida muy difícil que se hace con arroz, pollo, conejo, diversas verduras... Cuando Fernando le sirvió aquello que parecía una paella, le preguntó a María si le gustaba. María contestó: Nunca había comido un plato en el que hubiera arroz con cosas. ¿Crees que le gustó a María aquel plato? Señala la imagen que mejor describa la actitud de María.

Respuestas

Inferencias I: Cómo interpretamos las cosas normalmente

1. a	8. c	15. b
2. c	9. a	16. a
3. b	10. c	17. c
4. c	11. b	18. a
5. b	12. c	19. c
6. c	13. b	20. c
7. a	14. a	21. b

Inferencias Q: Cómo interpretar las cosas desde otra lógica

Tanda 1

1. a	7. b
2. b	8. c
3. a	9. b
4. b	10. c
5. b	11. d
6. a	

Tanda 2.

Las primeras filas, de la 1 a la 4, pueden ser verdaderas o falsas. Las dos últimas serán verdaderas, falsas o inadecuadas (es decir, no exactamente verdaderas, son enunciados un poco raros para lo que se dice, no son enunciados informativos, etc.).

Tanda 3

1. a	7. c
2. c	8. c
3. b	9. b
4. a	10. c
5. c	11. a
6. a	12. b

Tanda 4

1. El gallo
2. El cerdo
3. El gallo
4. El perro
5. El cerdo
6. El perro
7. El gallo
8. El cerdo
9. El gallo
10. El cerdo
11. El cerdo
12. El loro
13. El perro

Inferencias M: Cómo interpretamos las cosas que no son normales

1. c
2. a
3. a
4. b
5. b
6. c
7. b
8. a
9. c
10. c

Sobre el autor

Juan Carlos Tordera Yllescas

Juan Carlos Tordera Yllescas, profesor contratado doctor de la Facultad de Magisterio (Universitat de València, UV), es doctor en Lengua española, licenciado en Filología hispánica, y en Filología catalana y diplomado en Logopedia por la UV y licenciado en Antropología social y cultural y graduado en Filosofía y en Psicología por la UNED. Ha publicado diferentes trabajos sobre el trastorno de espectro autista (Frontiers in Psychology, Research in Autism Spectrum Disorders, Signos...) y, en general, en el campo de la Lingüística clínica (Peter Lang, Síntesis, Normas, Circulo de Linguistica Aplicada a la Comunicación, Lengua y Habla...). En el campo del TEA, se ha interesado especialmente por el procesamiento de los significados no explícitos, más allá de las implicaturas particularizadas (ironías, actos indirectos, etc.). También ha publicado otros trabajos relacionados con la Lingüística teórica (John Benjamins, RILCE, Onomázein, Boletín de Filología, RILI, Procesamiento del lenguaje natural, etc.)

Made in United States
North Haven, CT
18 October 2026

20584222R00109